マナーを守って
楽しく極める！

正しい
鉄ちゃん道

②乗り鉄

はじめに

　鉄道を趣味とすることは、とてもすばらしいことだと思います。人それぞれ、楽しみ方もさまざまで、撮ったり乗ったり集めたり、時刻表や模型を楽しむなど、たくさんの分野に分かれます。

　ボクは小さいころから鉄道の写真を撮ることが好きで、今ではプロの鉄道カメラマンになっていますが、君たちと同じ年のころには列車に乗ることも、きっぷや駅弁のかけ紙を集めることも大好きでした。でも、そのころは子ども向けの鉄道の本なんてほとんどなく、ただ自分で適当に楽しんでいるだけでした。

　ところが大人になるにつれて、「もっと○○しておけばよかった」とか、「△△のことを知っていたら、より楽しめたのに」など、後悔することがたくさん出てきました。昔のことは今はもう経験できないので、とてももったいなく感じました。

　そして、ボクのような残念な思いを君たちにはしてほしくない！　という気持ちが、この本を書こうと決めるきっかけになりました。

　今回は鉄道の趣味の中でも、とくに人気のある「撮り鉄」「乗り鉄」「駅鉄」の3ジャンルを取り上げています。それぞれの本にはボクの知識と経験、ノウハウなどをたっぷりつめこんであります。もちろん趣味をおこなううえで他人に迷惑をかけるようなことはゆるされませんから、ルールやマナーについても書いています。

　このシリーズを読んで、鉄道が好きな人ならなおさらですが、そうでない人でも、あらためて鉄道という趣味の面白さや楽しさ、奥深さを知ってください。そしてこのシリーズが正しい「鉄ちゃん」として活動していくための手引き書になることを、心から願っています。

鉄道カメラマン　山﨑友也

山﨑です。
ワシは広島出身じゃけぇ、広島弁で
いろいろ教えちゃるけぇのぉ。

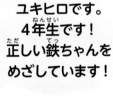

ユキヒロです。
4年生です！
正しい鉄ちゃんを
めざしています！

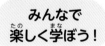

ユウカです！
3年生でーす。
駅弁が大好きです！

みんなで
楽しく学ぼう！

もくじ

この本の使い方

この本は、「正しい鉄ちゃん道」を極めるための知識やテクニック、ルールやマナーを紹介しています。

山﨑のアドバイス

鉄道カメラマン・山﨑友也からの経験にもとづいたアドバイスです。

ポイント

鉄ちゃん道を極めるうえで気をつけるべき点や、用語を解説します。

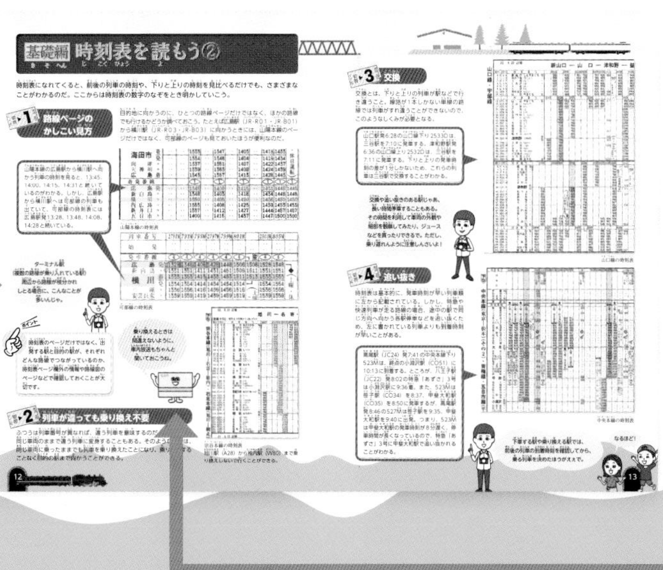

駅ナンバリング

「駅ナンバリング」がある駅は、駅名の後ろにつけました（くわしくは3巻で）。
例：下今市駅（TN23）

列車名(形式)

列車名の後ろに形式をつけました（→18ページ）。
例：ひたち（E657系）

きっぷくん

きっぷや列車の情報、路線の楽しみ方などを教えます。

山﨑友也に学ぶ乗り鉄の旅

蒸気機関車に乗ってみたいな〜。
どこに行けば乗れるの？

蒸気機関車は「SL※」とも呼ばれ、観光用として
全国いろいろな路線を走っとるんじゃ。
ほいじゃあ、東武鉄道のSLに乗ろう！

やってきたのは、栃木県に
ある東武日光線の下今市駅
（TN23）。

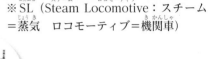

※ SL（Steam Locomotive：スチーム
＝蒸気　ロコモーティブ＝機関車）

わ〜い。
どんな旅になるか
楽しみだな〜。

ここが「SL大樹（C11形）」と
「SL大樹ふたら（C11形）」の出発駅じゃ。
よ〜し、これからSLの
乗り鉄旅に出発するで！

昔風の駅舎が
旅のワクワク感を盛り
上げてくれるのぉ。
まずはSLのしくみなどを
くわしく知るために、
駅構内にある
「SL展示館」に
行ってみよう。

▶1 駅を探索しよう

下今市駅は2017年に、「SL大樹」の
運行復活に合わせて、SLが活躍してい
た当時のような木造駅舎に建て直され
た。SLに乗る前に、まずは駅を探索し
てみよう。

下今市駅の駅舎

機関室の中を写したパネルを見学（SL展示館）

機関士と機関助手がここでSLを
運転するんじゃ。レバーやハンドルとかがたくさん
あるじゃろ。これらの操作方法や役割をぜんぶ
覚えとかんといけんけぇ、大変なんじゃ。

あれは機関庫じゃ。
機関車を停車しておいたり、
整備したりするところ
なんじゃ。
さあ、行ってみよう。

あそこに見える
茶色い建物は
なぁに？

たくさんありすぎて、
覚えきれないや。

機関庫

下今市駅には「転車台広場」があり、機関車の向きを変える転車台や、赤レンガづくり風の機関庫などを見学することができる。

機関庫は側面がガラスばりになっとるけぇ、中のようすがよぉわかるのぉ。

切符 ▶ 2

SLに乗ろう

発車時間が近づいてきたみたい。
いよいよSLに乗車するよ！

これはディーゼル機関車のDE10形（→19ページ）じゃ。SLが客車を引っぱるのを、最後尾から押して助けるんじゃ。さっき機関庫にあった赤い車両もディーゼル機関車なんじゃ。

あれ!? 青い車両がやって来たよ。SLじゃないの？

ぼくらが乗る客車も青いんだね。

車掌車（ヨ8000形）

安全に運行するために必要な装置を積んでいる。

東武鉄道で「SL大樹」を走らせることが決まったとき、いろいろな鉄道会社から、たくさんの車両や設備をゆずり受けたんじゃ。多くの協力があって、SLを運行することができとるんで。

よし、みんなで記念写真を撮って、SLの乗り鉄旅に出発じゃ！

出発進行！

ありがとう！

車内を楽しもう

駅弁を食べたり、窓の外の風景を撮影したり、乗っている時間を楽しもう。

おいおい、もぉ駅弁を食べよるんか??

しかたがないのぉ。
ほいじゃあ、ワシがオススメのデザートを買っちゃろぉ。

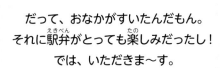

だって、おなかがすいたんだもん。
それに駅弁がとっても楽しみだったし！
では、いただきま〜す。

あれっ?? このアイスクリーム、黒いんだね。
でも、あまくておいしい！

外にいる人たちが手を振ってくれているよ。

町の人たちも、SLが走っとることがうれしいんじゃろぉ。
こういった交流も、乗り鉄ならではの楽しみじゃ。ふたりも手を振ってあげんさい。

それじゃあ、きれいな景色を写真に収めよう。
ワシもはりきって撮るで！

いい写真が撮れそう！

この日乗った「SL大樹ふたら」には、展望車（12系）が連結されていたよ。

展望車は窓がないから自然の風が吹きこんできて、とても気持ちがいいね！

鬼怒川線の鬼怒川温泉駅（TN56）に到着じゃ。駅前の転車台でSLが方向転換するけぇ、最後にそれを見学しよう。

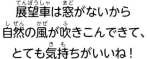

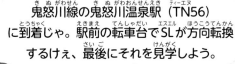

SLの乗り鉄旅、楽しかったね。

1章

「乗り鉄」の基本を学ぼう

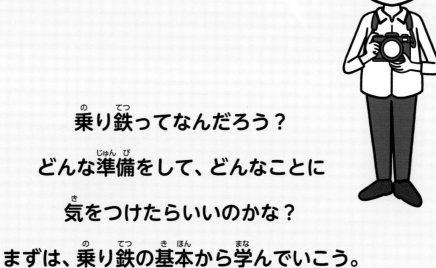

乗り鉄ってなんだろう？

どんな準備をして、どんなことに

気をつけたらいいのかな？

まずは、乗り鉄の基本から学んでいこう。

乗り鉄の鉄則！

乗り鉄たるもの、列車に乗って楽しむうえで、
かならず守らなくてはならない鉄則がある。
この十箇条を熟読し、正しい乗り鉄をめざせ。

其の一 時刻表を読めるようになるべし。

其の二 運賃や料金のルールを知るべし。

其の三 お得なきっぷの情報を収集すべし。

其の四 車両を探究すべし。

其の五 路線を熟知すべし。

其の六 駅弁をこよなく愛すべし。

其の七 旅のみならず、ふだんの列車移動も楽しむべし。

其の八 車内で騒ぐべからず。

其の九 車内では景色や音、乗り心地などを味わい、いねむりするべからず。

其の十 ルールやマナーを守らないものは、乗り鉄にあらず。即刻、破門とする。

列車に乗ることが好きな人たちを「乗り鉄」という。鉄道ファンの中では最も人気があるジャンルだ。さっそく、乗り鉄の楽しみとは何かを学んでいこう。

切符▶1 好きな列車に乗る

新幹線や特急列車、団体専用列車（→34ページ）など、とにかく自分が乗ってみたい列車に乗車することを楽しみとしている。特定の列車に乗ることのみを目的としているので、乗車駅への移動手段は鉄道に限らない。

切符▶2 「乗りつぶし」をめざす

すべての路線の列車に乗ること「乗りつぶし」（→40ページ）を楽しみとしている。JR※の路線をはじめ、私鉄、モノレールまで、ひとつでも多くの路線の列車に乗ることをめざす。

※ JR＝1987年に国鉄（日本国有鉄道）が分割・民営化して新設した鉄道会社グループの総称

切符▶3 自分で設定した旅にチャレンジする

「一筆書き」（→41ページ）の旅のルートを計画したり、「青春18きっぷ」などを使ってひたすら普通列車に乗る旅をしたり、自分が決めたルールや設定を守って列車の旅をする。

切符▶4 純粋に列車旅を楽しむ

純粋に列車でのんびりとすごす旅を楽しむ。ただし、充実した旅になるよう、名物の駅弁を食べる、車窓からきれいな風景を撮るなどのポイントははずさない。

 乗り鉄にはいろんな楽しみ方があるんだね！

君たちは、どのタイプの乗り鉄に興味があるかの？

こんなときどうする？

Q. 列車の遅れや運休で、目的地にたどり着けそうにない！ どうしたらいい？

A. よけいにお金を払ってでも、あとから来る新幹線や特急列車に乗って、最初に決めた予定に戻そう。それが無理なら、あきらめて予定を変更しよう。乗り換えや目的地到着まで、ゆとりのある計画を立てよう。

Q. ローカル線で食べたかった駅弁が売り切れで腹ペコ！ どうしたら防げる？

A. 前もって駅弁屋さんに、めあての駅弁を予約しておこう。またピンチに備えて、食べものや飲みものを持ち歩いておくといい。時刻表（→10ページ）で長時間停車する駅を調べ、駅構内のお店の情報も集めておこう。

乗り鉄を楽しむうえで欠かせないのが時刻表。とはいえ、数字や記号がいっぱいで、何をあらわしているのかわからない人も多いだろう。でも、表記のルールさえ覚えてしまえば、意外とかんたんに時刻表を読みとくことができる。

時刻表には
いろんな情報が
ギッシリと
つまっとるんじゃ。

『JR時刻表』2022年11月
号の表紙（交通新聞社）

1 時刻表の種類
じこくひょう　しゅるい

時刻表を買うなら、間違いなく大型の時刻表をオススメする。分厚くて、重くて値段も高いのだが、情報量はばつぐん。かならず持っていたい1冊といえる。現在は『JR時刻表』（交通新聞社）と、『JTB時刻表』（JTBパブリッシング）の2冊が刊行されているので、どちらかを用意しよう。

2 時刻表の構成
じこくひょう　こうせい

ここでは大型の『JR時刻表』（2022年9月号）を例に、おもに乗り鉄が熟読すべき項目をページ順に解説しよう。

❶ 路線図
ろせんず

JRと第三セクター、私鉄（一部の駅省略）の路線図。路線には掲載ページ番号が書かれており、大都市の私鉄各線は別ページに集められている。

ポイント

第三セクターとは、国や地方自治体と民間企業が共同で資金を出してつくった会社のことです。その会社が運営している鉄道をさすこともあります。

❷ 特急運転系統図
とっきゅううんてんけいとうず

特急の列車名とおもな運転区間を示した図。

❸ JRのトクトクきっぷコーナー
ジェイアール

JR路線内の区間や列車、利用期間など特別な条件で利用できる割引きっぷの情報（ピンクのページ）。

❹ 時刻表
じこくひょう

列車の運行情報や発着時刻などの情報を掲載（→11ページ）。

❺ JRの営業案内
ジェイアール　えいぎょうあんない

運賃や特急料金、きっぷについての細かいルールや特急の編成図などを掲載している。「JRのトクトクきっぷコーナー」と同じく「ピンクのページ」とも呼ばれている。

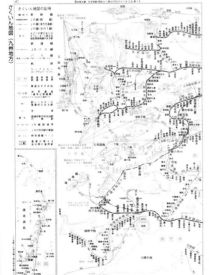

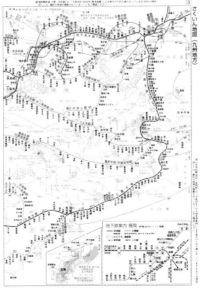

それでは実際に時刻表を読んでいこう。時刻表はおもに駅名、数字、記号、アルファベットの4つを組み合わせてできている。これらの意味さえしっかりと覚えておけば、すらすらと読めること間違いナシだ。

3 時刻表を読んでみよう

列車に割りあてられた番号。下り列車※は奇数、上り列車※は偶数が基本。アルファベットのMは電車、Dは気動車（ディーゼルカー）をあらわす

ほかの路線に乗り換えができる駅名とその路線名を掲載しているページ

グリーン車指定席の記号

列車名。『JR時刻表』では特急は赤色で表示

現在のページ

列車の種別

路線の起点または終点から順番に、縦に駅名が並ぶ

このページには下り列車と上り列車の両方の発着時刻が表示されているということ

到着時刻の表記がない駅での、列車の終着をあらわす記号。この列車は七飯駅（H71）が終着駅だということ

この列車は土曜と休日は運休するということ

普通車の一部車両に指定席があることを示す記号

このページに記載されている路線名

※下り列車・上り列車＝多くの路線で、起点から終点方面に向かう列車を下り列車、終点から起点方面に向かう列車を上り列車という

下り▶ ◀上り　函館本線・室蘭本線（函館ー新

【690】　乗り換え（掲載ページ）　新函館北斗・木古内＝東北・北海道新幹線(40)

列車番号	1351M	1875D	17D		483D	3353M		5883D		1355M	19D		487D
函館 発	1544	1614	1640			1655		1701		1728	1752		
五稜郭 〃	1549	1620	1645			1700		1707		1733	1757		
桔梗 〃	1553	1626	レ					1714		1737	レ		
大中山 〃	1556	1630						1717		1740			
七飯 〃	1600	1634						1723		1744			
七飯 着	1606		1657			1714		1727		1750	1810		
新函館北斗 発着			1658			1728					1811		
仁山 〃						1738							
大沼 〃						1747							
大沼公園 着			1708										
赤井川 〃													
駒ケ岳 着			1726								1837		
大沼 発								1752					
鹿部 〃								1820					
渡島砂原 〃								1829					
渡島沼尻 〃								1838					
掛澗 〃								1845					
尾白内 〃								1849					
東森 〃								1852					
森 着								1856					
森 発			1726								1838		
石谷 〃													
落部 〃			1748								1859		
野田生 〃													
山越 〃													
八雲 〃													
山崎 〃													
黒岩 〃													
国縫 〃													
中ノ沢 〃			1808								1918		
長万部 着			1808								1919		1928
静狩 発													1937
小幌													1944

列車が走っていないことを示す記号

ほかの路線を経由するため、この駅（路線）は通らないという記号

到着時刻。長万部駅（H47）に19:18に到着するということ

発車時刻。長万部駅を19:19に発車するということ

この駅は通過するという記号

そのほかのおもな記号

　＝グリーン車自由席

　＝普通車の全車両が指定席

　＝臨時列車などのため、運転日に注意

⟶ ＝同じ車両がそのまま進む（直通）・この駅で切り離されて違う方向に進む列車がある（分割）・違う方向から来た列車がこの駅で連結する（併結）

⑦ ＝列車の発着番線

基礎編 時刻表を読もう②

時刻表になれてくると、前後の列車の時刻や、下りと上りの時刻を見比べるだけでも、さまざまなことがわかるのだ。ここからは時刻表の数字のなぞをとき明かしていこう。

▶1 路線ページのかしこい見方

目的地に向かうのに、ひとつの路線ページだけではなく、ほかの路線でも行けるかどうか調べておこう。たとえば広島駅（JR-R01・JR-B01）から横川駅（JR-R03・JR-B03）に向かうときには、山陽本線のページだけではなく、可部線のページも見ておいたほうが便利なのだ。

山陽本線の広島駅から横川駅へ向かう列車の時刻を見ると、13:45、14:00、14:15、14:31と続いているのがわかる。しかし、広島駅から横川駅へは可部線の列車も出ていて、可部線の時刻表には広島駅発13:28、13:48、14:08、14:28と続いている。

海田市	着	‥	‥	1333	‥	1347		1403		1418	1433	・休日運転
	発	‥	‥	1334	‥	1348		1404		1419	1434	
向洋	〃	‥	‥	1337	‥	1351		1407		1422	1437	
天神川	〃	‥	‥	1339	‥	1353		1409		1424	1439	
広島	着	‥	‥	1343	‥	1357		1413		1428	1443	
着発番線				①		①		①		①	①	①
広島	発			1345		1400		1415		1431	1445	1445
新白島	〃			1348		1403		1418		1434	1448	1448
横川	〃			1350		1405		1420		1436	1450	1450
西広島	〃			1353		1408		1423		1439	1453	1453
新井口	〃			1357		1412		1427		1444	1457	1457
五日市				1400		1415		1437		1447	1500	1500

山陽本線の時刻表

列車番号		2791M	793M	795M	2797M	799M	801M		2803M	805M	
始発											
発車番線		④	④	④	④	④	④	┐変	④	④	┐土曜・休
広島	発	1328	1348	1408	1428	1448	1506	1508	1528	1548	
新白島	〃	1331	1351	1411	1431	1451	1509	1511	1531	1551	
横川	着	1333	1353	1413	1433	1453	1511	1513	1533	1553	
	発	1334	1354	1414	1434	1454	1514	┘	1534	1554	
三滝		1336	1356	1416	1436	1456	1516	┐上曜	1536	1556	
安芸長束		1339	1359	1419	1439	1456	1519		1539	1559	

可部線の時刻表

ターミナル駅
（複数の路線が乗り入れている駅）
周辺から路線が枝分かれしとる場合に、こんなことが多いんじゃ。

ポイント
時刻表のページだけではなく、出発する駅と目的の駅が、それぞれどんな路線でつながっているのか、時刻表ページ欄外の情報や路線図のページなどで確認しておくことが大切です。

乗り換えるときは間違えないように、車内放送もちゃんと聞いておこうね。

22. 8.22 訂補			旭川—名寄—							
				4321D		321D	4323D	4325D	1361D	323D
		列車番号				603		748	807	

※ 詳細な宗谷本線の時刻表は判読困難

宗谷本線の時刻表

旭川駅（A28）から稚内駅（W80）まで乗り換えしないで行くことができる。

▶2 列車が違っても乗り換え不要

ふつうは列車番号が異なれば、違う列車を意味するのだが、なかには同じ車両のままで違う列車に変身することもある。そのような場合は、同じ車両に乗ったままでも列車を乗り換えたことになり、乗り降りすることなく目的の駅まで向かうことができる。

切符▶3 交換（こうかん）

交換とは、下りと上りの列車が駅などで行き違うこと。線路が1本しかない単線の路線では列車がすれ違うことができないので、このようなしくみが必要となる。

山口駅発6:28の山口線下り2533Dは、三谷駅を7:10に発車する。津和野駅発6:36の山口線上り2532Dは、三谷駅を7:11に発車する。下りと上りの発車時刻の差が1分しかないため、これらの列車は三谷駅で交換することがわかる。

交換や追い抜きのある駅じゃあ、長い時間停車することもある。その時間を利用して車両の外観や細部を観察してみたり、ジュースなどを買ったりできるで。ただし、乗り遅れんように注意しんさいよ！

山口線・宇部線

山口線の時刻表

切符▶4 追い抜き（おいぬき）

時刻表は基本的に、発車時刻が早い列車順に左から記載されている。しかし、特急や快速列車が走る路線の場合、途中の駅で同じ方向へ向かう各駅停車などを追い抜くため、左に書かれている列車よりも到着時刻が早いことがある。

高尾駅（JC24）発7:41の中央本線下り523Mは、終点の小淵沢駅（CO51）に10:13に到着する。ところが、八王子駅（JC22）発8:02の特急「あずさ」3号は小淵沢駅に9:36着。また、523Mは笹子駅（CO34）を8:37、甲斐大和駅（CO35）を8:50に発車するが、高尾駅発8:46の527Mは笹子駅を9:35、甲斐大和駅を9:40に出発。つまり、523Mは甲斐大和駅の発車時刻が8分遅く、停車時間が長くなっているので、特急「あずさ」3号に甲斐大和駅で追い抜かれることがわかる。

中央本線（東京－松本）（その2）・青梅線・五日市線（平

中央本線の時刻表

下車する駅や乗り換える駅では、前後の列車の到着時刻を確認してから、乗る列車を決めたほうがええで。

なるほど！

13

「旅程」とは、乗り鉄旅の目的や行きたい場所などが決まったら、時刻表で乗車する路線や乗りたい列車の時刻を調べて立てる、旅の計画のことだ。旅程を組むときの注意点やポイントをまとめてみた。

 1 無理のない計画を立てよう

いろいろな列車や路線に乗りたいからといって、朝から晩までひたすら乗車する旅程にならないように注意しよう。万が一、列車に乗り遅れたり、途中で列車の遅れがあったりすると、計画があっという間にくずれてしまうからだ。乗り換え時間にゆとりを持つことはもちろんのこと、1本あとの列車に乗っても目的地へ着けるような、ゆったりとした旅程を組んでおきたい。

ポイント

新幹線から新幹線以外の路線への乗り換えに必要な時間は、時刻表の「新幹線からの乗り換え案内（青色のページ）」に記載されています。

2 ぜったいに達成したい目的を決めておこう

乗り鉄になると、「トロッコ列車に乗りたい」とか「○○線に乗りたい」など、かならず達成させたい目的ができるはずだ。旅程を組むときも、まずその目的の達成を最優先に考えよう。途中の駅で駅弁を買っていて、目的の列車に乗り遅れてしまったら、せっかくの乗り鉄旅が台無しだ。

最初に決めた目的が
達成できなかったら、
くやしいもんね。

なんのために乗り鉄するんか、
考えんといけん。ひとつずつ
目的を達成していきんさい。

きっぷのルールを知ろう

どこで乗り継いで、どのようなルートを組めばお得に行けるのか、時刻表の「ピンクのページ」（→10ページ）を参考にしながら、きっぷのルールを学んでいこう。

地方交通線は幹線よりも運賃が高い

路線図をよく見ると、黒い線や青い線、第三セクター（→10ページ）を含めた私鉄線も書かれている。青い線は「地方交通線」と呼ばれ、大きな都市を結ぶ黒い線の幹線よりも、運賃が高く設定されている。同じように、地方の私鉄や第三セクターも運賃は高めだ。

『JR時刻表』路線図

新幹線と特急列車の活用法

新幹線とJRの特急列車を乗り継いだ場合、JR九州・四国・西日本の一部を除く区間では特急列車の特急券や指定席料金が半額になる「乗継割引」という制度がある。新幹線の前後両方に特急列車に乗れば、料金が高いほうの特急券が半額になる。

「のぞみ」
指定席特急料金 4920円（2460円）

「ひだ」
指定席特急料金 2730円
→1360円（680円）※1

東京駅　　　　　名古屋駅　　　　　高山駅

たとえば、東京駅から名古屋駅まで新幹線を使うと高山駅（CG25）までの「ひだ」の料金が半額になる。

基本的に片道100km以上のきっぷは、途中の駅で下車することができるんじゃ。ただし、「大都市近郊区間※2」じゃあ途中下車できんけえ、気をつけんさい。

ということは、たとえば大宮駅は東京近郊区間（→41ページ）だから、途中下車できないってことだね！

※2 大都市近郊区間＝乗車する駅から目的の駅までのルートが複数ある大都市（東京・大阪・福岡・新潟・仙台）の近郊に、JRが設定している区間

乗れば乗るほど安くなる？

JRの運賃は乗る距離が長くなるほど、1kmあたりの運賃が安くなる計算方式だ。つまり長い距離のきっぷを買ったほうが、割引される金額が大きいのだ。たとえば、東京駅を出発し仙台駅で一度改札の外に出て、観光などをしてから新青森駅に行く場合、東京駅→仙台駅と、仙台駅→新青森駅のきっぷを別々に買うよりも、東京駅→新青森駅のきっぷを買って、仙台駅で途中下車し、同じきっぷで仙台駅から乗車して新青森駅まで向かったほうが断然安い。

東京駅→仙台駅の運賃
6050円（3020円）

合計 12430円（6210円）

仙台駅→新青森駅の運賃
6380円（3190円）

東京駅　　　　　仙台駅　　　　　新青森駅

東京駅→新青森駅の運賃（仙台駅で途中下車可能）
10340円（5170円）※1

実際にルートを決めて旅程を組んでみよう。ここでは東京駅から常磐線に乗っていわき駅に到着するまで、乗り継ぎなどを想定しながら旅の行程を完成させよう。

お得なきっぷを検索

旅程を組む前に、まず調べるのがお得なきっぷの情報だ。とくにJRは種類が豊富なうえ、季節や期間によってもさまざまな「トクトクきっぷ」を発売している。これを利用すると新幹線や特急列車に安く乗れたりするので、旅の予算に大きく影響する。

JR東日本の「週末パス」は、
フリーエリア内のJR線のほか、
14の鉄道会社の普通列車が乗り降り
自由のきっぷなんだ。
ただし、発売や利用できる期間が
限られているので、注意が必要だよ。

指定席は座席を自分で指定

乗り鉄にとって、車窓の風景をながめることも大きな楽しみのひとつだ。座席によって景色の見え方がまったく異なるので、座席選びが重要になる。時刻表の「ピンクのページ」には、新幹線と一部の特急列車の座席配置図がのっている。そのほかの列車は、インターネットで調べたり、きっぷを買うときに販売員に相談したりしよう。

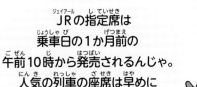

JRの指定席は
乗車日の1か月前の
午前10時から発売されるんじゃ。
人気の列車の座席は早めに
予約したほうがええで。

座席によって
景色の見え方が
違うんだね。

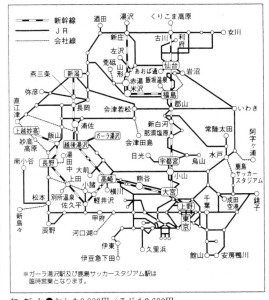

週末パス

土曜・休日限定で週末パスフリーエリア内のJR線のほか、山形鉄道線全線、阿武隈急行線全線、福島交通線全線、会津鉄道線（西若松～会津田島間）、北越急行線全線、えちごトキめき鉄道線（妙高高原～直江津間）、上田電鉄線全線、しなの鉄道全線、長野電鉄線全線、アルピコ交通線（松本電鉄線）全線、ひたちなか海浜鉄道線全線、鹿島臨海鉄道線全線、富士急行線全線、伊豆急行線全線の普通列車（快速含む）の普通車自由席が乗り降り自由のきっぷです。別に特急券等をお求めになれば、新幹線・特急列車等もご利用になれます。

発売期間●2023年3月24日（金）まで
＊利用開始日の1ヵ月前から前日までの発売。
利用期間●2023年3月26日（日）までの土曜・休日
＊ただし、2022年12月28日～2023年1月6日はご利用になれません。
＊日曜（2023年1月8日を除く）が利用開始日となる設定はありません。
有効期間●2日間
週末パスフリーエリア●

ね だ ん●おとな8,880円／こども2,600円
うりば●フリーエリア内のJR東日本の〈主な駅のみどりの窓口・指定席券売機・提携販売センター〉及び主な旅行会社

JRのトクトクきっぷ・週末パス案内

ひたち（E657系）
常磐線の特急「ひたち」や「ときわ」で、偕楽園という有名な公園に咲く梅をながめたければ、D席を予約しよう。

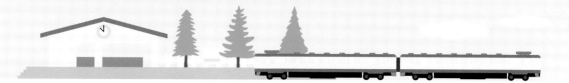

3 時刻表の引き方

さあ、実際に時刻表を使って、普通列車で旅程を組んでみよう。

常磐線の時刻表

列車番号	1151M	1151M	57M	557M	743M	1153M	1153M	559M	1155M	1155M	9M	677M	561M	1157M	59M	563M	565M
列車名			特急 ときわ 57号								特急 ひたち 9号				特急 ときわ 59号		
品川番線	11	10	9			10	11		11	10	9			10	9		
品川 発	952	955	1014	‥	‥	1016	1017	‥	1033	1037	1045	‥	‥	1055	1115	‥	‥
新橋 〃	957	1000	レ	‥	‥	1022	1023	‥	1039	1042	レ	‥	‥	1100	レ	‥	‥
東京 〃	1001	1005	1023	‥	‥	1026	1026	‥	1044	1046	1053	‥	‥	1105	1123	‥	‥
上野 着	1006	1010	1028	‥	‥	1031	1031	‥	1049	1051	1058	‥	‥	1110	1128	‥	‥
上野番線	6	6	8			6	6		6	6	8			6	8		
上野 発	1007	1012	1030	‥	‥	1032	1033	‥	1052	1052	1100	‥	‥	1112	1130	‥	‥
日暮里 〃	1011	1015	レ	‥	‥	1037	1037	‥	1055	1056	レ	‥	‥	1116	レ	‥	‥
三河島 〃	1013	1017		‥	‥	1039	1039	‥	1057	1058		‥	‥	1118		‥	‥
南千住 〃	1016	1020		‥	‥	1042	1042	‥	1100	1101		‥	‥	1121		‥	‥
北千住 〃	1019	1023		‥	‥	1045	1045	‥	1103	1103		‥	‥	1124		‥	‥
松戸 〃	1028	1031		‥	‥	1054	1054	‥	1114	1114		‥	‥	1132		‥	‥
柏 〃	1037	1040	1050	‥	‥	1102	1102	‥	1123	1123	レ	‥	‥	1140	1150	‥	‥
我孫子 着	1043	1043	レ	‥	‥	1106	1106	‥	1126	1126	レ	‥	‥	1144	レ	‥	‥
我孫子 発	1043	1044	レ	‥	‥	1107	1107	‥	1127	1127	レ	‥	‥	1145	レ	‥	‥
天王台 〃	1047	1047	レ	‥	‥	1110	1110	‥	1130	1130	レ	‥	‥	1148	レ	‥	‥
取手 〃	1051	1050	レ	‥	‥	1113	1113	‥	1133	1133	レ	‥	‥	1151	レ	‥	‥
藤代 〃	1056	1055	レ	‥	‥	1118	1118	‥	1138	1138	レ	‥	‥	1156	レ	‥	‥
龍ケ崎市 〃	1059	1058	レ	‥	‥	1122	1122	‥	1142	1142	レ	‥	‥	1203	レ	‥	‥
牛久 〃	1103	1102	レ	‥	‥	1127	1127	‥	1147	1147	レ	‥	‥	1208	レ	‥	‥
ひたち野うしく 〃	1110	1110	レ	‥	‥	1135	1135	‥	1151	1151	レ	‥	‥	1212	レ	‥	‥
荒川沖 〃	1114	1114	レ	‥	(前掲載626頁)	1138	1138	‥	1155	1155	レ	‥	‥	1215	レ	‥	‥
土浦 着	1121	1121	1115	‥		1145	1145	‥	1203	1203	レ	‥	‥	1222	1211	‥	‥
土浦 発	(土曜・休日運休)	◆(土曜・休日運転)	1116	‥	小山1036発	◆(土曜・休日運転)	(土曜・休日運休)	1148	◆(土曜・休日運転)	(土曜・休日運休)	レ	‥	‥	‥	1212	1216	‥
神立 〃			レ	‥				1154			レ	‥	‥	‥	レ	1222	‥
高浜 〃			レ	‥				1159			レ	‥	‥	‥	レ	1227	‥
石岡 〃			1128	‥				1203			レ	‥	‥	‥	1222	1231	‥
羽鳥 〃			レ	‥				1209			レ	‥	‥	‥	レ	1237	‥
岩間 〃			レ	‥				1213			レ	‥	‥	‥	レ	1241	‥
友部 着			1139	‥	1142			1218			レ	‥	‥	‥	1233	1246	‥
友部 発			1140	‥	1150			1219			レ	‥	‥	‥	1234	1247	‥
内原 〃	‥	‥	レ	‥	1201	‥	‥	1223	‥	‥	レ	‥	‥	‥	レ	1251	‥
赤塚 〃	‥	‥	レ	‥	1207	‥	‥	1228	‥	‥	レ	‥	‥	‥	レ	1256	‥
偕楽園 着	‥	‥	レ	‥	レ	‥	‥	レ	‥	‥	レ	‥	‥	‥	レ	レ	‥
水戸 着	‥	‥	1150	‥	1212	‥	‥	1235	‥	‥	1206	‥	‥	‥	1244	1301	‥
水戸 発	‥	‥	1151	1210	1219	‥	‥	‥	‥	‥	1207	‥	1238	‥	1245	1302	1310
勝田 着	‥	‥	1156	1215	1225	‥	‥	‥	‥	‥	1211	‥	1243	‥	1250	1307	1315
勝田 発	‥	‥	‥	1216	‥	‥	‥	‥	‥	‥	1212	‥	1244	‥	‥	‥	1316
佐和 〃	‥	‥	‥	1220	‥	‥	‥	‥	‥	‥	レ	‥	1248	‥	‥	‥	1320
東海 〃	‥	‥	‥	1225	‥	‥	‥	‥	‥	‥	1218	‥	1252	‥	‥	‥	1325
大甕 〃	‥	‥	‥	1231	‥	‥	‥	‥	‥	‥	1223	‥	1258	‥	‥	‥	1331
常陸多賀 〃	‥	‥	‥	1235	‥	‥	‥	‥	‥	‥	1227	‥	1302	‥	‥	‥	1335
日立 着	‥	‥	‥	1239	‥	‥	‥	‥	‥	‥	1231	‥	1306	‥	‥	‥	1339
日立 発	‥	‥	‥	1239	‥	‥	‥	‥	‥	‥	1232	‥	1307	‥	‥	‥	1339
小木津 〃	‥	‥	‥	1244	‥	‥	‥	‥	‥	‥	レ	‥	1311	‥	‥	‥	1344
十王 〃	‥	‥	‥	1248	‥	‥	‥	‥	‥	‥	レ	‥	1316	‥	‥	‥	1348
高萩 〃	‥	‥	‥	1254	‥	‥	‥	‥	‥	‥	1242	‥	1321	‥	‥	‥	1354
南中郷 〃	‥	‥	‥	1258	‥	‥	‥	‥	‥	‥	レ	‥		‥	‥	‥	1358
磯原 〃	‥	‥	‥	1302	‥	‥	‥	‥	‥	‥	レ	‥	‥	‥	‥	‥	1402
大津港 〃	‥	‥	‥	1308	‥	‥	‥	‥	‥	‥	レ	‥	‥	‥	‥	‥	1408
勿来 〃	‥	‥	‥	1312	‥	‥	‥	‥	‥	‥	1256	‥	‥	‥	‥	‥	1412
植田 〃	‥	‥	‥	1317	‥	‥	‥	‥	‥	‥	レ	‥	‥	‥	‥	‥	1417
泉 〃	‥	‥	‥	1323	‥	‥	‥	‥	‥	‥	1304	‥	‥	‥	‥	‥	1423
湯本 〃	‥	‥	‥	1328	‥	‥	‥	‥	‥	‥	1309	‥	‥	‥	‥	‥	1428
内郷 〃	‥	‥	‥	1332	‥	‥	‥	‥	‥	‥	レ	‥	‥	‥	‥	‥	1432
いわき 着	‥	‥	‥	1337	‥	‥	‥	‥	‥	‥	1315	‥	‥	‥	‥	‥	1437

まずは出発駅から到着駅まで

左の列に書かれている列車のほうが発車時刻が早いので、基本的には降りた列車の右側の列に書かれている列車に乗り換えることになる。

日曜日の10時ころに東京駅を出発する列車に乗るとしよう。東京駅発10:05の常磐線下り1151Mに乗って、土浦駅で559M、水戸駅で561M、高萩駅で565Mに乗り換えれば、14:37にいわき駅へ到着する。

なれてきたら「逆引き」

目的の駅に到着する時間を決めてから、出発駅の発車時刻ヘルートをたどるという方法を「逆引き」という。このほうが、乗り換える列車やその待ち時間などを効率的に旅程に組みこむことができる。

列車番号	1151M	1151M	57M	557M	743M	1153M	1153M	559M	1155M	1155M	9M	677M	561M	1157M	59M	563M	565M
列車名			特急 ときわ 57号								特急 ひたち 9号				特急 ときわ 59号		
品川番線	11	10	9			10	11		11	10	9			10	9		
品川 発	952	955	1014	‥	‥	1016	1017	‥	1033	1037	1045	‥	‥	1055	1115	‥	‥
新橋 〃	957	1000	レ	‥	‥	1022	1023	‥	1039	1042	レ	‥	‥	1100	レ	‥	‥
東京 〃	1001	1005	1023	‥	‥	1026	1026	‥	1044	1046	1053	‥	‥	1105	1123	‥	‥
上野 着	1006	1010	1028	‥	‥	1031	1031	‥	1049	1051	1058	‥	‥	1110	1128	‥	‥
上野番線	6	6	8			6	6		6	6	8			6	8		
上野 発	1007	1012	1030	‥	‥	1032	1033	‥	1052	1052	1100	‥	‥	1112	1130	‥	‥
日暮里 〃	1011	1015	レ	‥	‥	1037	1037	‥	1055	1056	レ	‥	‥	1116	レ	‥	‥
三河島 〃	1013	1017		‥	‥	1039	1039	‥	1057	1058		‥	‥	1118		‥	‥
南千住 〃	1016	1020		‥	‥	1042	1042	‥	1100	1101		‥	‥	1121		‥	‥
北千住 〃	1019	1023		‥	‥	1045	1045	‥	1103	1103		‥	‥	1124		‥	‥
松戸 〃	1028	1031		‥	‥	1054	1054	‥	1114	1114		‥	‥	1132		‥	‥
柏 〃	1037	1040	1050	‥	‥	1102	1102	‥	1123	1123	レ	‥	‥	1140	1150	‥	‥
我孫子 着	1043	1043	レ	‥	‥	1106	1106	‥	1126	1126	レ	‥	‥	1144	レ	‥	‥
我孫子 発	1043	1044	レ	‥	‥	1107	1107	‥	1127	1127	レ	‥	‥	1145	レ	‥	‥
天王台 〃	1047	1047	レ	‥	‥	1110	1110	‥	1130	1130	レ	‥	‥	1148	レ	‥	‥
取手 〃	1051	1050	レ	‥	‥	1113	1113	‥	1133	1133	レ	‥	‥	1151	レ	‥	‥
藤代 〃	1056	1055	レ	‥	‥	1118	1118	‥	1138	1138	レ	‥	‥	1156	レ	‥	‥
龍ケ崎市 〃	1059	1058	レ	‥	‥	1122	1122	‥	1142	1142	レ	‥	‥	1203	レ	‥	‥
牛久 〃	1103	1102	レ	‥	‥	1127	1127	‥	1147	1147	レ	‥	‥	1208	レ	‥	‥
ひたち野うしく 〃	1110	1110	レ	‥	‥	1135	1135	‥	1151	1151	レ	‥	‥	1212	レ	‥	‥
荒川沖 〃	1114	1114	レ	‥	(前掲載626頁)	1138	1138	‥	1155	1155	レ	‥	‥	1215	レ	‥	‥
土浦 着	1121	1121	1115	‥		1145	1145	‥	1203	1203	レ	‥	‥	1222	1211	‥	‥
土浦 発	(土曜・休日運休)	◆(土曜・休日運転)	1116	‥	小山1036発	◆(土曜・休日運転)	(土曜・休日運休)	1148	◆(土曜・休日運転)	(土曜・休日運休)	レ	‥	‥	‥	1212	1216	‥
神立 〃			レ	‥				1154			レ	‥	‥	‥	レ	1222	‥
高浜 〃			レ	‥				1159			レ	‥	‥	‥	レ	1227	‥
石岡 〃			1128	‥				1203			レ	‥	‥	‥	1222	1231	‥
羽鳥 〃			レ	‥				1209			レ	‥	‥	‥	レ	1237	‥
岩間 〃			レ	‥				1213			レ	‥	‥	‥	レ	1241	‥
友部 着			1139	‥	1142			1218			レ	‥	‥	‥	1233	1246	‥
友部 発			1140	‥	1150			1219			レ	‥	‥	‥	1234	1247	‥
内原 〃	‥	‥	レ	‥	1201	‥	‥	1223	‥	‥	レ	‥	‥	‥	レ	1251	‥
赤塚 〃	‥	‥	レ	‥	1207	‥	‥	1228	‥	‥	レ	‥	‥	‥	レ	1256	‥
偕楽園 着	‥	‥	レ	‥	レ	‥	‥	レ	‥	‥	レ	‥	‥	‥	レ	レ	‥
水戸 着	‥	‥	1150	‥	1212	‥	‥	1235	‥	‥	1206	‥	‥	‥	1244	1301	‥
水戸 発	‥	‥	1151	1210	1219	‥	‥	‥	‥	‥	1207	‥	1238	‥	1245	1302	1310
勝田 着	‥	‥	1156	1215	1225	‥	‥	‥	‥	‥	1211	‥	1243	‥	1250	1307	1315
勝田 発	‥	‥	‥	1216	‥	‥	‥	‥	‥	‥	1212	‥	1244	‥	‥	‥	1316
佐和 〃	‥	‥	‥	1220	‥	‥	‥	‥	‥	‥	レ	‥	1248	‥	‥	‥	1320
東海 〃	‥	‥	‥	1225	‥	‥	‥	‥	‥	‥	1218	‥	1252	‥	‥	‥	1325
大甕 〃	‥	‥	‥	1231	‥	‥	‥	‥	‥	‥	1223	‥	1258	‥	‥	‥	1331
常陸多賀 〃	‥	‥	‥	1235	‥	‥	‥	‥	‥	‥	1227	‥	1302	‥	‥	‥	1335
日立 着	‥	‥	‥	1239	‥	‥	‥	‥	‥	‥	1231	‥	1306	‥	‥	‥	1339
日立 発	‥	‥	‥	1239	‥	‥	‥	‥	‥	‥	1232	‥	1307	‥	‥	‥	1339
小木津 〃	‥	‥	‥	1244	‥	‥	‥	‥	‥	‥	レ	‥	1311	‥	‥	‥	1344
十王 〃	‥	‥	‥	1248	‥	‥	‥	‥	‥	‥	レ	‥	1316	‥	‥	‥	1348
高萩 〃	‥	‥	‥	1254	‥	‥	‥	‥	‥	‥	1242	‥	1321	‥	‥	‥	1354
南中郷 〃	‥	‥	‥	1258	‥	‥	‥	‥	‥	‥	レ	‥		‥	‥	‥	1358
磯原 〃	‥	‥	‥	1302	‥	‥	‥	‥	‥	‥	レ	‥	‥	‥	‥	‥	1402
大津港 〃	‥	‥	‥	1308	‥	‥	‥	‥	‥	‥	レ	‥	‥	‥	‥	‥	1408
勿来 〃	‥	‥	‥	1312	‥	‥	‥	‥	‥	‥	1256	‥	‥	‥	‥	‥	1412
植田 〃	‥	‥	‥	1317	‥	‥	‥	‥	‥	‥	レ	‥	‥	‥	‥	‥	1417
泉 〃	‥	‥	‥	1323	‥	‥	‥	‥	‥	‥	1304	‥	‥	‥	‥	‥	1423
湯本 〃	‥	‥	‥	1328	‥	‥	‥	‥	‥	‥	1309	‥	‥	‥	‥	‥	1428
内郷 〃	‥	‥	‥	1332	‥	‥	‥	‥	‥	‥	レ	‥	‥	‥	‥	‥	1432
いわき 着	‥	‥	‥	1337	‥	‥	‥	‥	‥	‥	1315	‥	‥	‥	‥	‥	1437

左と同じ常磐線の時刻表

563Mは勝田駅行きだけど、次に乗り換える565Mは水戸駅発なんだ。始発駅から乗ったほうが座席に座れる確率が高いから、565Mには勝田駅ではなく水戸駅で乗り換えるのがオススメだよ。

いわき駅に15時までに到着する場合、14:37着の565Mから逆引きしていくと、水戸駅13:01着の563M、土浦駅12:03着の1155Mに乗ればよいことがわかる。逆引きすることで上の旅程よりも東京駅出発を約40分遅らせることができる。

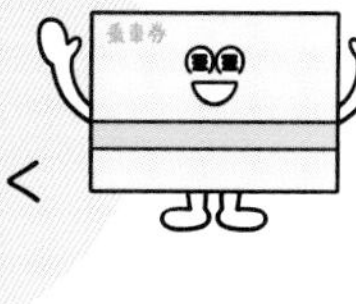

旅程決定

東京駅10:44発 土浦駅行き → 土浦駅乗り換え12:16発 勝田駅行き → 水戸駅乗り換え13:10発 いわき駅行き → いわき駅着14:37

乗り鉄（のりてつ）は、目的（もくてき）の車両（しゃりょう）がどのような種類（しゅるい）で、どんな役割（やくわり）を持（も）っているのかがわかるとさらに楽（たの）しくなるぞ。そのためには、車両記号（しゃりょうきごう）を知（し）っておくと、とても役（やく）に立（た）つのでぜひ覚（おぼ）えておこう。ここではJRの車両（しゃりょう）で解説（かいせつ）する。

電車（でんしゃ）の車両記号（しゃりょうきごう） 1

車両（しゃりょう）の前面（ぜんめん）や側面（そくめん）に記（しる）されているので探（さが）してみよう。

形式記号（けいしききごう）

車両（しゃりょう）に運転台（うんてんだい）や動力（どうりょく）などがついているかどうか、車両（しゃりょう）の種類（しゅるい）と設備（せつび）をあらわす

形式番号（けいしきばんごう）

車両（しゃりょう）の形式（けいしき）をあらわす。1の位（くらい）は奇数（きすう）が基本（きほん）の形式（けいしき）だ。ただし、それより1少（すく）ない偶数（ぐうすう）も使用（しよう）されることもあるため、同（おな）じ形式（けいしき）でも車両（しゃ りょう）によっては数字（すうじ）が異（こと）なる場合（ばあい）がある

車両番号（しゃりょうばんごう）

その形式（けいしき）で何番目（なんばんめ）に作（つく）られた車両（しゃりょう）かをあらわす

この車両（しゃりょう）は運転台（うんてんだい）のあるグリーン車（しゃ）で、JR東日本（ジェイアールひがしにほん）の直流特急形（ちょくりゅうとっきゅうがた）のクロE261系（イーけい）と同（おな）じ形式（けいしき）のクロE260形（イーがた）の中（なか）で2番目（ばんめ）にできた車両（しゃりょう）ということがわかるじゃろ。

クロ E260 - 2
① ② ③ ④ ⑤ ⑥

サフィール踊（おど）り子（こ）（E261系（イーけい））

①車両（しゃりょう）の種類（しゅるい）

ク→運転台（うんてんだい）のある車両（しゃりょう）
モ→モーターがついている車両（しゃりょう）
クモ→運転台（うんてんだい）とモーターがついている車両（しゃりょう）
サ→運転台（うんてんだい）とモーターがついていない車両（しゃりょう）

⑤車両（しゃりょう）の用途（ようと）

0 ～ 3→通勤（つうきん）・近郊形（きんこうがた）
（→21ページ）
4→事業用（じぎょうよう）
5 ～ 8→特急形（とっきゅうがた）
9→試作車（しさくしゃ）

②車両（しゃりょう）の設備（せつび）

ロ→グリーン車（しゃ）
ハ→普通車（ふつうしゃ）
シ→食堂車（しょくどうしゃ）
ネ→寝台車（しんだいしゃ）

③所属会社（しょぞくがいしゃ）

E（イー）→1993年（ねん）以降（いこう）に製造（せいぞう）されたJR東日本（ジェイアールひがしにほん）の車両（しゃりょう）にだけついている
H（エイチ）→2016年（ねん）以降（いこう）に製造（せいぞう）されたJR北海道（ジェイアールほっかいどう）の車両（しゃりょう）にだけついている
W（ダブリュ）→JR西日本（ジェイアールにしにほん）の北陸新幹線（ほくりくしんかん せん）W7系（ダブリュけい）にだけついている

④電気（でんき）の方式（ほうしき）

1 ～ 3→直流（ちょくりゅう）
4 ～ 6→交直流（こうちょくりゅう）
（交流（こうりゅう）も直流（ちょくりゅう）も両方走（りょうほうはし）れる）
7 ～ 8→交流（こうりゅう）

⑥設計（せっけい）の順番（じゅんばん）

その形式（けいしき）が設計（せっけい）された順番（じゅんばん）をあらわす。奇数（きすう）が大（おお）きいほど新（あたら）しい形式（けいしき）ということ

ポイント

電車（でんしゃ）の路線（ろせん）には、電気（でんき）が直流（ちょくりゅう）の区間（くかん）と、交流（こうりゅう）の区間（くかん）があります。

▶2 機関車の車両記号

気動車や新幹線の車両記号にもそれぞれ意味があるので、調べてみると面白い。ここでは、機関車の車両記号を紹介しよう。

⓪動力

D →ディーゼル
E →電気
H →ディーゼルと蓄電池のハイブリッド

①動軸の数

B → 2　　E → 5
C → 3　　F → 6
D → 4　　H → 8

蒸気機関車

C57180

① ② 車両番号

ディーゼル・電気機関車

EH500-21

⓪ ① ② 車両番号

機関車の車輪は「車軸」で反対側の車輪につながっていますが、その中でも車体を大きく前進させる「動輪」につながっている車軸を「動軸」といいます。

②形式番号(蒸気機関車)

10 ～ 49→タンク式(本体に水と石炭を積んでいる機関車)
50 ～ 99→テンダー式(本体の後ろに連結された炭水車に石炭と水を積んでいる機関車)

②形式番号(電気機関車)

10 ～ 29→最高時速85km以下の直流機関車
30 ～ 39→最高時速85km以下の交直流機関車
40 ～ 49→最高時速85km以下の交流機関車
50 ～ 69→最高時速85kmをこえる直流機関車
70 ～ 79→最高時速85kmをこえる交流機関車
80 ～ 89→最高時速85kmをこえる交直流機関車
90 ～ 99→試作車
100 ～ 399→JR移行後の新型直流機関車
400 ～ 699→JR移行後の新型交直流機関車
700 ～ 999→JR移行後の新型交流機関車

車両記号に興味をもったら、調べてみると面白いよ。

②形式番号(ディーゼル機関車)

10 ～ 39 →最高時速85km以下
50 ～ 89 →最高時速85kmをこえるもの
100 ～ 399→JR移行後の新型電気式機関車
500 ～ 799→JR移行後の新型液体式機関車

上の蒸気機関車は動軸が3つ、テンダー式で、C57形の中で180番目にできた車両、電気機関車のほうは動軸が8つ、JRになって以降にできた新型交直流機関車EH500の中で21番目の車両ということじゃ。

客車の車両記号

客車にもそれぞれ車両記号がある。この車両は重さ42.5 ～ 47.5t未満の最上級車で、マイ77の7000番台※の中で1番目にできた車両ということがわかる。

①車両の重さ

コ→22.5t未満
ホ→22.5 ～ 27.5t未満
ナ→27.5 ～ 32.5t未満
オ→32.5 ～ 37.5t未満
ス→37.5 ～ 42.5t未満
マ→42.5 ～ 47.5t未満
カ→47.5t以上

②車両の設備

イ→最上級車　　ロ→グリーン車
ハ→普通車　　　ネ→寝台車
テ→展望車　　　シ→食堂車
フ→車掌室

④台車の車軸の数

0 ～ 7→ブレーキや車輪などを収めた台車の車軸が2つ
8 ～ 9→台車の車軸が3つ

形式記号　形式番号　車両番号

① ② ③ ④

③形式の番号

乗り鉄の楽しみ方のコツやテクニックを学び、ほかの乗客に迷惑をかけないマナーを身につけて、ワンランク上の乗り鉄をめざそう。

普通列車（五能線）

切符▶1　写真を撮る

車内で写真や動画を撮るときのコツは、列車から撮ったことがわかるようにすること。車窓の風景を撮るなら、あえて窓枠を構図に入れてみると臨場感が生まれ、写真を見る人も列車に乗っている気分になれる。

切符▶2　音を録る

駅の発車メロディー音や車内放送、乗車中の走行音などを録音する、いわゆる「音鉄」も増えている。スマホでもじゅうぶん録音できるが、そのときの臨場感を記録して何度も味わうためには、ICレコーダーで録音することをオススメする。

ポイント

ICレコーダーの選び方のポイントは、高音質で録音できることはもちろんですが、マイクの向きが変えられるもの、風切音などを低減するスポンジやウインドスクリーンなどを取りつけられるものがいいでしょう。

車内で録音するときのポイント

車内で録音する場合、目的によってベストな車両や座席の位置などが異なってくる。列車の走行音が録りたいなら、モーターのついた「モハ」や「クモハ」（→18ページ）、もしくはディーゼルカー、SLなどがいいだろう。車内放送を録音するなら、スピーカーの近くの座席を確保しよう。

車両記号を覚えていると、こんなところでも役立つんだね！

ほかの乗客が、自分たちの声が録音されているんじゃないかと不審に思うこともあるので、録音するときは注意しよう。

景色を楽しみたい人には、乗り心地がよって音も静かじゃけぇ、車両記号は「サハ」がオススメじゃ。

普通列車（東海道本線）

切符▶3 駅弁

地元の名物がつまった駅弁をほおばりながら、車窓のながめを楽しむ時間こそ、乗り鉄の最高のひとときではないだろうか。

ちなみに「日本鉄道構内営業中央会」に入会しとるお弁当屋さんの駅弁には、日の丸弁当をイメージした駅弁マークがついとるんじゃ。

普通列車ならボックス席で「コーチンわっぱめし」を食べよう。

鉄印帳

御乗車

常陸国 下館国

真岡鐵道

令和二年 八月十四日

真岡鐵道の鉄印

切符▶4 鉄印帳

全国の第三セクターをめぐり、指定の駅で「鉄印帳※」に鉄印を記帳してもらうというもの。鉄印帳は有料。記帳してもらうにはその路線のきっぷ代と、記帳料がかかるが、乗って集めるというスタイルが「乗り鉄心」をくすぐり、今では大人気となっている。

※鉄印帳は株式会社旅行読売出版社の登録商標です

シートの種類

車両の座席は大きく分けて4タイプある。乗降客が多く、駅間の距離が短い路線を走る通勤形車両や大都市間など中距離の駅間を走る近郊形車両は、ロングシートの車両が多くなっている。

ロングシート

線路と平行に長い座席が窓の下に並んでいる。多くの人が乗車できるが、長い距離を移動するには、少し疲れる。

E231系

クロスシート

座席が進行方向を向き、リクライニング機能がついているものもある。新幹線や特急列車などに使用されている。

N700S

ボックスシート

4人が向かい合わせになって座るシート。座席は固定されているため、半分は進行方向とは逆の向きになる。リクライニングはできない。

上信電鉄7000系

セミクロスシート

ロングシートとクロスシートを組み合わせた座席。クロスシートの部分はほとんどがボックスシートで、近郊形車両に多く見られる。

東海交通事業 キハ11形

やってはいけない、乗り鉄 NG 集

せっかくだから車内を楽しみつくす

列車内にはほかの乗客が乗っている。自分が楽しくて友だちとはしゃいだり、車内を走りまわったりしていると、とても迷惑をかけることになる。車内では小さな声で会話し、移動は静かにしよう。

何がなんでも旅程を死守する

列車の乗り換え、駅弁やグッズなどを買いに行ったとき、発車時刻ギリギリになって列車にかけこむようなことはぜったいにやめよう。かけこみ乗車は自分やほかの乗客がケガをするおそれがあるし、列車の遅れにもつながるので、よゆうを持った旅程を組もう。

目的達成のじゃまをする人はゆるさない

車内や駅で写真を撮っていると、ほかの乗客が写ってしまうこともある。同様に、音鉄で車内の音を録っていると、ほかの乗客の会話などが入ることもある。自分だけの車両ではなく、みんなが利用しているので、「うるさい」「じゃま」などとけっして口にせず、節度のある行動を心がけよう。

2章

ユニークな列車に乗ってみよう

トロッコ列車やSL、豪華な観光列車など
一度は乗ってみたい
全国のユニークな列車を紹介しよう。

潮風号
（33ページ）

関門海峡
めかり駅
門司港駅
九州鉄道
記念館駅
鹿児島本線
山陽新幹線

SLやまぐち号
（28ページ）

サンライズ瀬戸・出雲
（32ページ）

予土線三兄弟
（24-25ページ）

リゾートしらかみ
（26-27ページ）

忍者列車（33ページ）

しまかぜ（29ページ）

「日本最後の清流」とされる四万十川に沿って走る予土線。この路線を走るユニークな3つの列車が「予土線三兄弟」と呼ばれている。それぞれの個性的な特徴に注目してみよう。

1 しまんトロッコ

三兄弟の長男であるトロッコ列車。緑あふれる沿線の風景に、山吹色の車両がよく映える。そもそもトロッコとは貨車のこと。全国的には客車や気動車を改造した車両が多い中、この車両はトラ45000形という貨車を改造した、正真正銘のトロッコだ。トロッコ車両に乗車できる区間は限られているので、その区間はキハ54形からトロッコ車両に移動しよう。きれいな川の景色を見ながら、ガタゴトと走る貨車の乗り心地を存分に味わおう。

しまんトロッコ
（トラ45000形＋キハ54形）

自然豊かな四万十川沿いをゆったりと走る。

トロッコ車両
貨車に人が乗れるよう、木で作られたイスやテーブルが置かれている。

トロッコ車両に乗車できる江川崎駅（G34）と土佐大正駅（G30）の区間は、ふつうの列車よりもゆっくり走るけぇ、景色がよりいっそう楽しめるんじゃ。

貨車に乗れるなんてめったにないね！

1984年から日本初の観光用トロッコ列車「清流しまんと号」として走っていた車両が、2013年に「しまんトロッコ」としてリニューアルされたよ。

四万十川を渡る「しまんトロッコ」。

海洋堂ホビートレイン

2011年に「海洋堂ホビー館四万十」がオープンしたのと同時に運行がスタートしたのが、三兄弟の次男であるこの列車。四万十川にすんでいるといわれるカッパをテーマに、キハ32形がアレンジされ、「かっぱうようよ号」という愛称がつけられている。

海洋堂ホビートレイン（キハ32形）
外装は四万十川を楽しむカッパたちがイメージされている。

車内にはカッパの親子が！しゃべってくれるので音鉄も楽しい。

鉄道ホビートレイン

初代の新幹線である0系をイメージした斬新な列車が、三兄弟の三男坊。キハ32形に、かわいらしいだんご鼻や青い「スカート（線路上の障害物をはじく装置）」などがリアルに再現されている。車内にも遊び心あふれる工夫があり、見ても乗っても楽しい列車だ。

0系で使っていた本物のシートに座ることもできる。

鉄道ホビートレイン（キハ32形）
0系がたった1両で線路を走る？

鉄道模型がずらりと並んだショーケース。

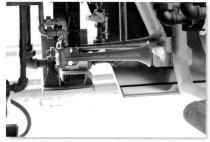

警笛も0系で使われていたもの。かならず聴こう！

時刻表をしっかりと読みこめば、1日で「予土線三兄弟」すべての列車に乗ることができるんじゃ。チャレンジしてみんさい！

チャレンジしてみた〜い！

美しい日本海の景色が楽しめる人気の観光列車。「橅」「青池」「くまげら」という３つの編成があり、全席指定席。各編成とも２号車のみボックス席で、１・４号車には展望室とイベントスペースがあり、人形芝居や津軽三味線の生演奏なども楽しめる。

リゾートしらかみ「橅」編成（HB-E300系）
日本海の絶景に沿って列車は進む。

切符▶1　「橅」編成

2016年7月にリニューアルされた、３つの中で最も新しい編成で、ハイブリッドシステムを採用したHB※-E300系で運行している。外装はブナの林をイメージした緑色のデザイン。内装にはブナやスギ、ヒバなど、沿線の木材がたくさん使われていて、とてもあたたかい雰囲気となっている。

※ HB ＝蓄電池を使用したハイブリッド（Hybrid）車両

２号車は個室のようなボックス席。

１号車
１号車と４号車の車内には展望室があり、自由に座ることができる。車窓の風景はばつぐん。

指定席券は乗車日の１か月前の10時から、「みどりの窓口」などで発売されるよ。

座席から日本海の絶景をながめるなら、間違いのぉ、海側のＡ席を予約することじゃ！

普通車指定席
１・３・４号車にある。

切符▶2 「青池」編成

沿線の白神山地にある「十二湖」の中でも、ひときわ神秘的とされる「青池」が愛称の由来。1997年に運行がスタートした最も歴史がある列車だ。人気が高かったことからほかの編成も増え、それまでキハ40系だった車両が、2010年から現在のHB-E300系にリニューアルされた。

青森県のシンボル岩木山をはじめ、いろいろな景色が沿線に広がる。

リゾートしらかみ「青池」編成（HB-E300系）
夕日をながめながら進む。

「青池」編成の2号車

リゾートしらかみ「くまげら」編成（キハ48形）

「青池」編成と「くまげら」編成の2号車は、すべての座席がフルフラットになり、足を伸ばしてくつろげる。

古い車両のため本数も少なく、引退もうわさされている。興味がある人は早めに乗っておいたほうがいいだろう。

切符▶3 「くまげら」編成

国鉄のころからの車両であるキハ48形で運行されている。昭和の雰囲気を味わいたい乗り鉄なら、この編成をオススメする。

五能線東能代駅のホームにある待合室
外装は「くまげら」編成のデザイン。室内には運転台もあり、運転士の気分が味わえる。

陸奥岩崎駅〜十二湖駅間じゃあ、
JR東日本で一番短い仙北岩トンネル（9.5ｍ）を通るで。
一瞬で通過してしまうけぇ、見逃さんように。

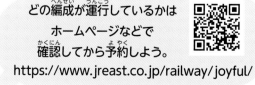

どの編成が運行しているかはホームページなどで確認してから予約しよう。
https://www.jreast.co.jp/railway/joyful/

今では全国いろいろな路線で蒸気機関車が観光用として走っているが、その先がけとなったのがこの列車。1979年から40年以上、山口線を走り続けている。

「デゴイチ」も牽引

美しい外観から「貴婦人」の愛称で呼ばれるC57形1号機とともに、2017年に「デゴイチ」の愛称で知られるD51形200号機が走りはじめた。客車のほうも、SL時代をイメージした新型車両にリニューアルしている。

SLやまぐち号
（D51形＋35系）

SLやまぐち号（C57形＋35系）
パワフルに煙を上げながら力強く走るすがたは迫力満点！

すてきな
座席だね。

デゴイチと貴婦人が連結して走る「重連運転」がおこなわれることもあるよ。

客車内は時代がかった雰囲気。

3号車の車内
かつて「SLやまぐち号」で使用していた備品などが展示されている。

列車編 しまかぜ（京都〜賢島など）

近畿日本鉄道がほこる、最上級の車両を使った特急列車。大阪難波駅（A01）、京都駅（B01）、近鉄名古屋駅（E01）と、三重県の観光地である伊勢志摩にある賢島駅（M93）とを結ぶ路線で運行されている。

切符▶1 豪華な設備と座席

特徴は、なんといってもその豪華な車両設備。座席は3列で、プレミアムシートは本革を使ったぜいたくな電動リクライニング機能つき。座席の間隔も広いため、車内でリラックスしたい乗り鉄には最高だ。個室やサロン席などもあるため、グループで乗車してもくつろげる。

6号車
1号車と6号車は、ほかの車両よりも床が高くなった展望車。運転席越しのながめもいい。

カフェ2階席
定期列車の中で、カフェがついている車両が編成されているのはこの「しまかぜ」のみ。ぜひここからのながめを味わってほしい。

しまかぜ（50000系）
6枚のガラスを使用した独特の顔が特徴的な「しまかぜ」。

車内では記念乗車証が配られる。家に持ち帰って乗り鉄旅の思い出にしよう。

人気の「はまぐりのシーフードピラフ」。カレーやサンドイッチ、ジェラートなどもある。

車内では駅弁「特製幕の内しまかぜ弁当」も売っとるで。大阪難波駅や京都駅発着と、名古屋駅発着の列車で中身が違うけぇ、食べ比べてみんさい。

おいしそうだね！

特別編　乗り鉄空想旅行

実際に列車に乗れないときは、空想で乗り鉄してみよう。たとえば、都市部ではJRのほかに私鉄各社の路線もたくさんあり、目的の駅へ向かうのにいくつかのルートを選べることも多い。路線ごとの特徴を知って、どの路線の駅で乗り換えて向かうか、空想してみるだけでもきっと楽しいはず。また、時刻表を使ってさまざまなルート検索をするのもオススメだ。

切符▶1　各路線の特徴を知ろう

ここでは、複数の鉄道会社の路線がある区間を具体的に取り上げ、それぞれの路線の特徴などをまとめた。運賃や所要時間など、いろいろと見比べて選んでみるのもいいだろう。

大阪〜京都

私鉄とJRがはり合っているのが大阪から京都の区間。JR京都線を選択する人が多そうだが、今いる場所やこれから行きたい場所によっては、駅が繁華街に

ある阪急電鉄や京阪電鉄といった私鉄を利用したほうが、料金も安く便利な場合もある。土日祝日には阪急電鉄の快速特急「京とれいん　雅洛」などが運行されており、和風にリニューアルされたおしゃれな車内が特急料金なしで楽しめる。

大阪〜京都間の路線の比較表

（2022年10月現在）

	始発駅	到着駅	乗車時間・運賃（子ども料金）	メリット
東海道新幹線（のぞみ・ひかりなど）	新大阪駅	京都駅	約14分・1440円（710円）	乗車時間が最も短い
東海道本線（新快速）	大阪駅（JR-A47）	京都駅（JR-A31）	約29分・570円（280円）	乗車時間が短めで、運賃が新幹線ほど高くない
阪急電鉄（特急）	大阪梅田駅（HK01）	京都河原町駅（HK86）	約43分・400円（200円）	特急は特急料金が不要。京都河原町駅は京都の繁華街にある
京阪電気鉄道（特急）	淀屋橋駅（KH01）	三条駅（KH40）	約50分・420円（210円）	特急はダブルデッカー車（2階建ての車両）が連結されており、特急料金不要

のぞみ（N700S）

新幹線は自由席なら、どの列車でも料金は変わらない。

新快速（225系）

JR京都線の新快速が、乗車時間と運賃のバランスが最もよい。

特急（1300系）

京都の繁華街に向かうなら、阪急電鉄が便利。

特急（8000系）

時間によゆうがあるなら、京阪電気鉄道の特急の2階席から景色を楽しもう。

時刻表でルート検索ゲーム

インターネットやアプリの乗り換え検索で、検索条件を入力すれば、行きたい駅への一般的なルートを示してくれる。しかし、めあての列車に乗ったり、少しでも多くの列車に乗ったりすることが目的になると、乗り鉄は検索結果で示されたようなルートを組まないことも多い。そこで、旅程を組む練習もかねて、あえて時刻表を使ってルート検索ゲームをしてみよう。

ルート検索ゲームのやり方

❶ 出発駅と目的の駅とのあいだに、かならず通ったり乗ったりしなければならない路線や列車を設定する。

❷ 時刻表を使って、乗り換えの時間も含めた最短時間のルートや、一番安い運賃のルートなどを検索する。

このような条件を指定することで逆引き（→17ページ）を活用できる。友だちと問題を出し合って楽しもう！時刻表を読む練習にもなるよ。

東京～弘前

たとえば、朝、東京駅を出発して岩手県の北上線を通り、青森県の奥羽本線弘前駅に到着する所要時間が最短のルートは？

ポイント

北上線の列車は本数が少ないため、北上駅での乗り継ぎがよい新幹線を選びましょう。無事に北上線終点の横手駅に到着後、奥羽本線をひたすら北上するルートが一般的ですが、大曲駅から田沢湖線、盛岡駅から東北新幹線を通るルートも考えられます。ただし、北上線のどの列車に乗るかによって、全体の所要時間も変わってきます。

弘前駅
新青森駅
奥羽本線
秋田駅
大曲駅から弘前駅までは
大きく分けて
2とおりのルートがある
東北新幹線
大曲駅
田沢湖線
盛岡駅
横手駅
北上線
北上駅
東北新幹線（とうほくしんかんせん）
東京駅

弘前駅まで最短で到着するのはどんなルートかな？

普通列車だけの利用で所要時間を競うとか、1日に1本しか走らん列車にかならず乗らんといけんとか、なんか条件をつけたほうが難易度が上がって面白いで。

よ～し、空想旅行を楽しもー！

普通列車（701系）

奥羽本線を使うほうが、圧倒的に距離は短いが……。

はやぶさ（E5系）

遠まわりだが、新幹線を使うことでどのくらいの時間短縮につながるのか？

現在、定期列車の中でただひとつの寝台特急。「サンライズ瀬戸」と「サンライズ出雲」は、東京駅と岡山駅（JR-S01）のあいだは、連結していっしょに走っている。

切符▶1 まるでホテルのような列車

車内はベッドが用意された個室ばかり。部屋に入ると、そこはまるでホテルのようで、まさに小学生もあこがれの列車だ。人気が高いため、予約は早めにしよう。食堂車や車内販売はないので、乗車前に食べものや飲みものは買っておくといい。

客車の中は豪華な個室。ベッドに横になりながら、車窓の風景を楽しめるのが寝台特急の魅力。

サンライズ出雲（いずも）（285系）（けい）

列車の中にベッドがあるなんて、ぜいたく！

「シングルデラックス」の客室
A寝台という、寝台料金が高めの個室。ベッドはひとつしかないが部屋は広いので、親子でいっしょに乗るなら、この部屋がオススメだ。

「サンライズツイン」の客室
ふたり用個室。寝台料金もふたり分必要になるが、大人ふたりと子どもひとりの3人で使うこともできる。

「サンライズ瀬戸・出雲」（せと・いずも）に乗るには、乗車券と特急券のほかに、部屋のタイプによって値段が異なる寝台料金が必要だよ。

B寝台の「シングル」の客室
ひとり用の個室。これよりも少し部屋が狭いが、寝台料金の安い「ソロ」もある。

「サンライズ瀬戸」（せと）は瀬戸大橋で瀬戸内海を渡り、東京駅と高松駅とを結んでいる。

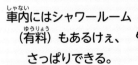
車内にはシャワールーム（有料）もあるけぇ、さっぱりできる。

沿線が伊賀流忍者発祥の地であることから、1997年に運行がはじまった伊賀鉄道の名物列車の「忍者列車」。いっぽう「潮風号」は、もともと貨物列車が走っていた線路を利用して走っている観光用のトロッコ列車。どちらも地域の特色が生かされている。

忍者列車（伊賀上野〜伊賀神戸など）
にんじゃれっしゃ（いがうえの〜いがかんべ）

人目を引く外装のイラストは、マンガ家の松本零士氏によるものだ。床や照明、ドアや日よけのカーテンなど、車内はいたるところに忍者にちなんだ飾りや工夫があふれている。

忍者列車（200系）
青色とピンク色のほか、緑色の忍者列車も走っている。

なんと、網棚の上に忍者が!?

手裏剣の形をしたつり革もある。

忍者、カッコいい〜！

車内だけじゃのぉて、駅にも忍者がよぉけおるけぇ、探してみんさい。

潮風号（九州鉄道記念館〜関門海峡めかり）
しおかぜごう（きゅうしゅうてつどうきねんかん〜かんもんかいきょう）

小さな機関車はかつて南阿蘇鉄道で、トロッコはかつて島原鉄道で活躍していた車両である。青くてかわいい列車は、時速15kmという日本一遅い最高速度で、乗客を楽しませている。

潮風号（DB10形＋トラ70000型）
関門海峡の潮風に吹かれながら、トロッコ列車はのんびりと走っていく。

トンネルの中では、関門海峡を泳ぐ魚たちがモチーフのライトが天井に浮かび上がる。

コラム 時刻表にのっていない列車って？

一年中、毎日ほぼ同じ区間を同じ時間に走っている列車を「定期列車」という。それに対して、ある一定の時期や期間、特定の季節などに走る列車を「臨時列車」という。これらの列車は時刻表にのっている。しかし、時刻表にのっていない臨時列車も、実際には多数存在している。なかでも「団体専用列車」は、乗客を乗せる臨時列車として代表的な存在だ。どのような団体専用列車があるのか、いくつか紹介してみよう。

「なごみ（和）」E655系　JR東日本

グリーン席のみのハイグレードな列車。座席はすべて電動リクライニングつきの3列シートで、個室もある。皇族が乗車する際には、「お召し列車」として運行される、とても貴重な車両だ。

「サロンカーなにわ」14系　JR西日本

1983年に14系を改造してデビューした、最も歴史のある団体専用列車。機関車が引っぱる客車タイプで、展望室があるのが特徴だ。近年、運行される回数がめっきりへっているため、要チェックの列車だ。

「かぎろひ」15400系 近畿日本鉄道

旅行会社のツアーに参加した人の専用列車。落ち着いたグリーンの外観に、車内の床はカーペットが敷かれた豪華なつくり。イベントスペースではさまざまなイベントがおこなわれ、楽しい旅が味わえる。

時刻表にのっていないこれらの団体専用列車は、おもに旅行会社が主催するツアーで乗客を募集する。ふだんから鉄道車両を使ったツアーをおこなっている旅行会社をリストアップしておき、こまめに情報収集するのがチケットをゲットする秘けつである。

団体専用列車は、貨物列車しか走らん貨物線とかを走ることも多いけぇ、そういう意味でも人気があるんじゃ。

ふだんは乗れない路線に乗れるんだね！

3章

しょう

個性豊かな
路線を旅しよう

こ せい ゆた
ろ せん たび

地域の特色をあらわす風物や、
ち いき とく しょく ふう ぶつ
貴重な施設と出会える路線から、
き ちょう し せつ で あ ろ せん
最先端の乗り物が運行している路線まで、
さい せん たん の もの うん こう ろ せん
全国の個性豊かな路線を紹介しよう。
ぜん こく こ せい ゆた ろ せん しょう かい

き すき せん
木次線（43ページ）
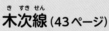

つ がる てつ どう
津軽鉄道
（42ページ）

せん もう ほん せん
釧網本線
（36-37ページ）

ひろ しま でん てつ
広島電鉄（45ページ）
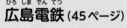

てん りゅう はま な こ てつ どう
天竜浜名湖鉄道（38-39ページ）

あい ち こう そく こう つう
愛知高速交通
（45ページ）

あ さ かい がん てつ どう
阿佐海岸鉄道
（44ページ）

北海道の東部を南北に縦断する、全長166.2kmのローカル線。この路線の魅力は、なんといっても車窓に広がる景色である。路線の南側は国立公園で、日本最大の湿原でもある釧路湿原が広がっており、北側はオホーツク海に沿って走る。

SL冬の湿原号（C11形＋14系＋スハシ44形）

四季それぞれの魅力

季節によって違った風景が楽しめるので、何度もおとずれてほしい路線だ。快速列車の「しれとこ摩周号」のほか、春から秋にかけては「くしろ湿原ノロッコ号」に乗って釧路湿原が満喫でき、冬には「SL冬の湿原号」が運行している。

おもに1月から3月にかけて、釧路駅（K53）から標茶駅（B61）の区間で運行されている。

普通列車（キハ54形）
雄大な釧路湿原の中をひた走る。

ちなみに、ノロッコの愛称は「ノロノロ走るトロッコ列車」が由来じゃ。車内には車内販売カウンターがあり、プリンやクッキーも味わえるで。

くしろ湿原ノロッコ号（DE10形＋510系）
おもに4月から5月にかけて、釧路駅から塘路駅（B58）の区間で運行されている。

車窓からいい写真が撮れそう！

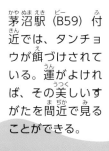
茅沼駅（B59）付近では、タンチョウが餌づけされている。運がよければ、その美しいすがたを間近で見ることができる。

トロッコ列車のため、風が車内を吹き抜け、湿原の空気を肌で感じることができる。

原生花園駅（B75）付近
毎年5月から10月のあいだしか営業しない臨時の駅。付近ではユリやキスゲなどの花々が、北海道の短い夏を彩る。

普通列車（キハ54形＋キハ40形）
冬になるとオホーツク海は流氷でおおわれる。北浜駅（B76）にある展望台からは、オホーツク海の流氷を背景に列車を撮影することができる。

切符 ▶2 「食べ鉄」もできるグルメ路線

釧網本線の魅力は雄大な景色だけではない。塘路駅や止別駅（B73）、浜小清水駅（B74）、北浜駅など路線の多くの駅が飲食店と同居しており、おいしい食事が味わえる「グルメ路線」としても有名。列車の本数が少ないことを逆に利用して、乗り鉄だけでなく、「食べ鉄」をしてもいいだろう。

駅弁の中でワシがオススメするのは、摩周駅（B64）の「摩周の豚丼」と網走駅（A69）の「かにめし」じゃけぇ。

オーチャードグラス

川湯温泉駅（B66）には、洋食が楽しめるカフェ「オーチャードグラス」が同居している。

食事＆喫茶 トロッコ

藻琴駅（B77）の旧駅事務室を利用した食堂だ。標識や制帽など鉄道グッズがあふれる店内で、北海道の味が楽しめる。

元貴賓室を利用した店内はステンドグラスに囲まれ、とても落ち着いた雰囲気だ。

名物は地元産の牛肉を1日じっくり煮込んだビーフシチュー。

オススメは「酪農ラーメン」。コクのある道内産の牛乳を使った白いスープが特徴だ。

もともとは国鉄二俣線（こくてつふたまたせん）として運行（うんこう）していたが、利用者（りようしゃ）が少（すく）ないため廃止（はいし）の危機（きき）に直面（ちょくめん）した。1987年（ねん）、第三（だいさん）セクター（→10ページ）の鉄道（てつどう）として生（う）まれ変（か）わった。

自然（しぜん）とグルメを満喫（まんきつ）

地元（じもと）の人（ひと）たちには「天浜線（てんはません）」と呼（よ）ばれ、親（した）しまれている。多（おお）くの駅（えき）に飲食店（いんしょくてん）が同居（どうきょ）していることから、釧網本線（せんもうほんせん）と並（なら）び、グルメ路線（ろせん）としても人気（にんき）が高（たか）い。

きれいだね！

普通列車（ふつうれっしゃ）（TH2100形（がた））　朝日（あさひ）を浴（あ）びて天竜川（てんりゅうがわ）を渡（わた）る。

春（はる）には沿線（えんせん）で桜（さくら）が咲（さ）きほこり、乗（の）り鉄（てつ）の目（め）を楽（たの）しませてくれる。

浜名湖佐久米駅（はまなこさくめえき）　冬（ふゆ）を越（こ）す渡（わた）り鳥（どり）のユリカモメでにぎやかだ。

ほかにも、遠江一宮駅（とおとうみいちのみやえき）のおそば屋（や）さん、西気賀駅（にしきがえき）の洋食屋（ようしょくや）さん、新所原駅（しんじょはらえき）のうなぎ屋（や）さんなんかも、おいしいゆうて有名（ゆうめい）じゃ。

手作（てづく）りのパン屋（や）さん「メイ・ポップ」が同居（どうきょ）する都筑駅（つづきえき）

イートインも設置（せっち）されており、列車（れっしゃ）をながめながら食（た）べることもできる。

天浜線の歴史をめぐろう

天浜線最大の魅力が、路線の駅舎やホーム、沿線にある鉄橋など多くの施設が、1935年の開業当時のまま残っていることだ。それらは貴重な「鉄道遺産」とされ、多くが国の登録有形文化財に指定されている。天竜二俣駅は蒸気機関車の機関区（車両基地）があったため、敷地も広く、働いている人も多かった。現在はSL時代の「高架貯水槽」や「扇形車庫」などをめぐるツアーが予約不要でおこなわれているので、参加して開業当時にタイムトラベルしてみよう。

天竜二俣駅のプラットホーム
大正時代につくられたレールが、柱としてホームのどこかに使用されている。探してみよう。

SLを運行させるために必要だった水を、70tもためておくことができた貯水槽。

高架貯水槽

列車に乗ったまま、洗車機と転車台を体験できるツアーも楽しいよ。これには予約が必要だよ。

浴場
SLのススで真っ黒によごれた体を、乗務員たちはこのお風呂で洗い流していた。

扇形車庫
今なお現役で使用されており、とても価値のある施設だ。

鉄道歴史館
天浜線に関する資料がたくさん展示されている。

転車台
SLの向きを変えるための転車台。ツアーでは、SLのかわりに気動車をのせて実演されている。

特別編 乗り鉄実践旅行
とく べつ へん　の　てつ　じっ せん りょ こう

多くの乗り鉄たちが目標としている「乗りつぶし」や、大都市圏の鉄道で楽しめる「大まわり乗車」。いったいどういうことをさすのか、その意味や楽しさ、実践するための方法、あると便利なアイテムなどを紹介しよう。

切符▶1 乗りつぶしにチャレンジ

起点から終点まで乗車した路線を、ひとつひとつ増やしていく（つぶしていく）ことを「乗りつぶし」という。すべての路線をやりとげるのはとても大変なことだが、まずはJRの路線を乗りつぶすことを目標としている乗り鉄は多い。

完乗からはじめよう

ある路線の起点から終点まで乗車することを完全乗車、略して「完乗」という。1本の列車で乗り通せる場合もあれば、乗り換えが必要なこともある。起点や終点に列車が停車しなくても、そこを通っていれば大丈夫。一度でなくても、ひとつの路線を何度かに分けて乗っても問題ない。

羽越本線 普通列車（E129系）
乗りつぶしの第一目標はJRの完乗だ。

さらなる乗りつぶし

千葉都市モノレール（0形）
モノレールなども乗りつぶしの対象だ。

JRを乗りつぶした乗り鉄たちが次にめざす目標は、全国の第三セクター（→10ページ）や私鉄の乗りつぶしだ。さらにはモノレール、ケーブルカー、ロープウェイなど、「鉄道」と呼ばれるすべての路線を乗りつぶす人もいる。

> **ポイント**
>
> 乗りつぶしていくためにはたくさんの路線に乗らなくてはなりません。少しでも路線を増やそうと新幹線や特急を利用して時間を節約しがちですが、それだけお金も多く必要になります。じょうずに乗りつぶしていくコツは、あせらずのんびりとやることです。

あると便利なアイテム

乗りつぶした路線が増えていくと、自分がどの路線をどこまで乗ったのかわからなくなることもある。それを防ぐには、全国の路線図がのった地図帳を用意して、乗った路線をペンなどでぬりつぶしていくといい。

『新版 JR私鉄全線乗りつぶし地図帳』©JTBパブリッシング

乗りつぶしにハマってしまうと、ほんらいの乗り鉄の楽しみ方ができなくなってしまうけぇ、ほどほどにしんさいね。

ハ〜イ！

ＪＲの運賃は距離が長くなれば割引率が高くなる（→15ページ）。そのしくみを利用して、都市を往復する安い経路を探してみたり、大都市圏で壮大な「初乗り運賃の旅」をしてみたりしよう。

経路を変えて、お得に往復する

新大阪駅と東京駅を往復する場合、ふつうは行きも帰りも東海道新幹線を利用する。しかし、行きは東海道新幹線、帰りは北陸新幹線と北陸本線を利用する片道の乗車券を購入すれば、いろいろな路線の列車に乗ることができる。距離も長くなるのに、運賃はほとんど変わらない。

山科駅→新大阪駅＝
770円（380円）

金沢駅

**合計
29360円（14660円）**※

山科駅～新大阪駅は重複するので、別に乗車券が必要

東海道新幹線「のぞみ」
＋北陸新幹線「かがやき」
＋特急「サンダーバード」
＝28590円（14280円）

山科駅

新大阪駅

東京駅

東海道新幹線「のぞみ」
新大阪駅～東京駅往復

**29440円
（14700円）**※

※各料金は通常期の普通車指定席料金で計算（2022年10月現在）。
金額脇のカッコ内は子ども料金

乗車券を新大阪駅から東京駅、金沢駅経由の東海道本線山科駅（JR-A30）までの片道きっぷを購入する。山科駅から新大阪駅は重複してしまうので、ここだけもう１枚別に購入する必要がある。特急「サンダーバード」は北陸新幹線との乗継割引（→15ページ）が適用され、特急券が半額で購入できる。

ポイント

「大まわり乗車」をするのであれば、１日でまわれるルートでなければなりません。

大まわり一筆書きルートの一例じゃ。君たちも自分だけのルートを見つけてチャレンジしてみんさい。

大まわり乗車

東京や大阪などの一部の都市では、「大都市近郊区間」が設定されている。この区間内のみ、乗車する駅と下車する駅が違う、同じ駅を２回通らない、途中下車をしないという条件であれば、どのようなルートを通っても最も安い運賃が適用される。

代々木駅から新宿駅に行く場合、「東京近郊区間」の路線で一筆書きのルートを組めば、最も安い運賃の140円（70円）で乗車することができる。

池袋駅

代々木駅　新宿駅

品川駅

代々木駅から新宿駅まで、
どちらのルートでも
140円（70円）

東京駅

山手線で代々木駅（JY18）から新宿駅（JY17）に行く場合、外まわりの列車に乗っても、内まわりで品川駅（JY25）、東京駅（JY01）、池袋駅（JY13）を経由して行っても、どちらも料金は同じ140円（70円）。

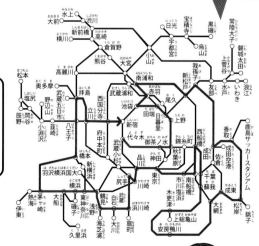

東京近郊区間

わたしもやってみたい！

津軽鉄道（つがるてつどう）は、青森県（あおもりけん）の津軽半島（つがるはんとう）を走る、日本（にほん）で一番北（いちばんきた）にある私鉄（してつ）である。この鉄道（てつどう）で最も（もっと）有名（ゆうめい）な列車（れっしゃ）といえば、「ストーブ列車（れっしゃ）」だ。また、めずらしい「腕木式信号機（うでぎしきしんごうき）」を見る（み）こともできる。

ストーブ列車（れっしゃ）（DD350（ディーディー）形（がた））

切符▶1 津軽（つがる）の冬（ふゆ）の風物詩（ふうぶつし）・ストーブ列車（れっしゃ）

12月（がつ）から翌年（よくねん）3月（がつ）まで、1日（にち）2～3往復（おうふく）のみ運行（うんこう）している。ダルマストーブが1両（りょう）に2か所（しょ）、客車（きゃくしゃ）内（ない）に設置（せっち）されており、外（そと）は寒く（さむ）ても車内（しゃない）はポカポカだ。

ストーブ列車（れっしゃ）の車内（しゃない）では、車掌（しゃしょう）さんが石炭（せきたん）をくべている。

切符▶2 腕木式信号機（うでぎしきしんごうき）

列車（れっしゃ）が交換（こうかん）する金木駅（かなぎえき）には、人（ひと）が動かす（うご）「腕木式（うでぎしき）」という信号機（しんごうき）が、日本（にほん）でただひとつ現役（げんえき）で残って（のこ）いる。これを見る（み）ためにおとずれる乗り鉄（のてつ）も多い（おお）。

金木駅（かなぎえき）では「タブレット」という通行証（つうこうしょう）を運転士（うんてんし）と駅員（えきいん）が交換（こうかん）するようすも見ら（み）れる。

車内（しゃない）に風鈴（ふうりん）をつるす「風鈴列車（ふうりんれっしゃ）」（7月（がつ）から8月（がつ）まで）や、車内（しゃない）にスズムシの虫かご（むし）を置く（お）「鈴虫列車（すずむしれっしゃ）」（おもに9月（がつ）から10月（がつ）まで）など、四季（しき）を楽しめる（たの）列車（れっしゃ）も走っとる（はし）んじゃ！

すてき！

腕木式信号機（うでぎしきしんごうき）

係員（かかりいん）が駅（えき）からテコを動かし（うご）、テコから伸びる（の）ワイヤーで腕木（うでぎ）を遠隔操作（えんかくそうさ）する。

芦野公園駅（あしのこうえんえき）

春（はる）には多く（おお）の花見客（はなみきゃく）でにぎわいを見せる（み）桜（さくら）の名所（めいしょ）。

喫茶店（きっさてん）「駅舎（えきしゃ）」

旧駅舎（きゅうえきしゃ）を利用（りよう）しており、芦野公園駅（あしのこうえんえき）のとなりで営業（えいぎょう）している。

かつては山陰地方と山陽地方とを結ぶ、陰陽連絡線の一部としてにぎわっていたが、その役割をバスにゆずり、現在はローカル線としてひっそりと走り続けている。しかし、社殿づくりの駅舎があったり、亀嵩駅にはおそば屋さんが同居していたり、「三段式スイッチバック」があったりと、見どころがたくさん。列車の本数が少ないので、注意して旅程を組みたい。

普通列車（キハ120形）

出雲坂根駅〜三井野原駅の区間は絶景が広がる木次線のハイライト。

出雲横田駅

神社を模したつくりと、堂々としたしめ縄が目を引く。

出雲坂根駅には、かつて100歳をこえた古ダヌキが飲んでいたという伝説がある「延命水」が湧いている。

切符 ▶ 1　三段式スイッチバックが見られる
さんだんしき　み

スイッチバックとは、急な山道などで進行方向を変えながらジグザグに登ること。宍道駅方面から来た列車は、出雲坂根駅でいったん進行方向を変え、来た方向へスイッチバックして坂を登り、さらに途中でもう一度、進行方向を変えて坂を登っていく。

奥出雲おろち号（DE10形）

木次線名物の三段式スイッチバック。
進行方向を2度変えながら、ジグザグに坂を登っていく。

スイッチバックしながら、
出雲坂根駅より
160m以上も高いところに
ある三井野原駅まで
登っていくんじゃ！
途中のながめも雄大で
すばらしいで。

すごい高さを
登るんだね！

道路も線路も走れる「DMV（デュアル・モード・ビークル）」、磁石の力で浮いて走る「リニモ」、人々の足として活躍する「路面電車」。個性豊かで楽しい列車が走る3路線を紹介しよう。

DMV93形

世界初の車両が太平洋沿岸をかけ抜ける。

切符▶1

阿佐海岸鉄道
（阿波海南文化村〜道の駅 宍喰温泉など）

世界にひとつしかない乗り物が、徳島県で走っている。DMVというもので、なんと道路も線路も両方走れてしまう、夢のような車両なのだ。以前は鉄道車両が走っていたのだが、観光にも役立つという理由などから、2021年にこのDMVが導入された。1992年の開通以来、赤字続きのローカル線は、世界各国の乗り鉄の注目を集めている。

車両はマイクロバスを改造したもの。道路を走るすがたは、なんの違和感もない。

線路を走行する際には、停車駅で鉄車輪で走るためのモードチェンジがおこなわれる。

モードチェンジの際に前輪が上がるようすを見たり、道路と線路を走るときの乗り心地を比べてみたらええで。

線路を走るDMV。前輪のゴムタイヤを浮かして、車両の前部が少し上がっている。道路も線路もゴムタイヤの後輪の力で走る。

運転席のよう。線路を走っているときには、基本的にハンドル操作は必要ないので、ハンドルは固定される。

世界初に乗りに行こう！

切符 23-1 1234 5678 ▶2 愛知高速交通（藤が丘〜八草）

路線の正式な名称は東部丘陵線で、愛称はリニモ。地下鉄などでリニアモーターを使って走っている車両はたくさんあるが、実際に磁石の力で浮いて走っているのは、日本ではこのリニモだけ。レールに触れずに走るので、静かで乗り心地も快適だ。

自動で運転されているため、運転士は乗っていない。

車両の装置がレールをはさんでいるみたいだが、車両側の電磁石の力により、車体は約8mm浮いて走っている。

100形
日本初の磁気浮上式リニアモーターカー。

切符 23-1 1234 5678 ▶3 広島電鉄（広島駅〜広電宮島口など）

車両の保有数も総延長距離も、広島市は日本一をほこる路面電車王国。かつて日本各地を走っていた車両をゆずり受けて現役で走らせているほか、近年ではバリアフリー機能を備えデザイン性にもすぐれた、「超低床車両」が増えてきている。

ワシの生まれ故郷、広島の
路面電車「広電」に、
ぜひ乗ってみんさい。

650形
1945年8月6日、広島に投下された原子爆弾で被爆した「被爆電車」として知られている。

右・グリーンムーバーマックス（5100形）
左・グリーンムーバー LEX（1000形）
広島市内の中心部を、さまざまな種類の路面電車が走っている。

グリーンムーバーエイペックス（5200形）
最新の超低床車両。広電は車種が豊富なので、乗り心地や走行音などを比べてみよう。

たくさんの
路面電車が
走っていて
楽しそうだね！

山﨑さんは少年時代に、乗り鉄をしなかったの？

 小さいころから撮り鉄じゃったけど、乗り鉄でもあったんじゃ。小学3年生のときに仲間と3人で、広島から約300km離れた、九州の博多へ行ったんじゃ。普通列車で日帰りじゃったんじゃけど、はじめての遠出じゃったけぇ、ぶち楽しかったのを覚えとる。

 ほかにも覚えている乗り鉄旅は？

 中学2年生の夏休みに、普通列車に乗り放題の「青春18きっぷ」を使ぉて、北海道の稚内まで行ったことかのぉ。とにかく普通列車しか乗れんけぇ、ひたすら乗り継いで、また乗り継いで、2週間。最後のほうはお尻が痛ぉなったわいや（笑）。

 ずっと列車に乗りっぱなしで、たいくつじゃなかった？

 当時は乗り鉄でもあったけぇ、ルート上の名物駅弁を買って食べて、かけ紙をコレクションしたり、駅で時間があったときはかならず入場券を買ぉとった。当時の入場券は、まだ分厚ぅて硬い「硬券」（くわしくは3巻で）い

ディーゼルカー（DD13形）、函館駅（H75）にて
青函連絡船に貨車の入換作業をしているようす。

うきっぷで、これをひたすら集めまくったのぉ。

 乗り鉄のトラブルとかなかったの？

 いっつも乗り鉄するときはメチャメチャ時刻表を調べとったけぇ、列車に関してのトラブルはなかったかのぉ。じゃけど、その北海道への旅は、お金がないけぇぜんぶ野宿。ある夜、上野駅（JY05）前の階段で夜明かししよったら、おまわりさんに声をかけられて交番へ連れていかれた。家出少年と間違えられたんじゃ。

 それは大変だったね！

 ほいで、広島の家におまわりさんが電話をかけて、ホンマに「青春18きっぷ」の旅なんかどうかいうことを確認したんじゃ。警察からの電話で、さすがにワシの親父もビックリしたらしいんじゃけど、「旅行中じゃけぇ、本人の好きにさせちゃってください」ていうたらしく、それでおまわりさんも納得したみたい。じゃけども、さすがに野宿は危ない思ぉたんか、その夜は上野駅前交番で寝させてくれた。じつはやさしいおまわりさんじゃったんじゃ。

 お父さん、よくゆるしてくれたね。

 やっぱり、そこは親子の信頼関係じゃないんかのぉ。じゃけぇ、みんなも自分たちだけで乗り鉄旅を楽しみたいんじゃったら、ふだんからお父さんやお母さんと会話をしたり、いわれたことを守ったりしておくことが大切なんかもしれんねぇ！

おわりに

　めあての列車やおとずれてみたかった路線に乗ったり、ひたすら乗り継ぎの旅にチャレンジしたり、すべての路線の列車に乗ったりなど、乗り鉄の楽しみ方もさまざまじゃのぉ。ほいじゃけど、みんなの気持ちの根っこにあるんは、やっぱり列車に乗ることが好き！　いうことなんじゃろ。じゃけぇ、時刻表に強ぉなり車両や路線にくわしゅうなればなるほど、満足感をいっそう得ることができるんじゃ。とはいえ、乗り鉄は時間やお金がかかるのも事実じゃ。それらのこともちゃんと考えて無理のない旅程を組んで、ルールやマナーを守りながら、乗り鉄じゃけぇこそ得られる喜びや幸せを満喫してみんさいね。

鉄道カメラマン　山﨑友也

さくいん

山﨑友也（やまさき・ゆうや）

広島県生まれ。日本大学芸術学部写真学科卒業後、鉄道写真の第一人者である真島満秀氏に師事。フリーを経て、現在は鉄道写真の専門家集団「有限会社レイルマンフォトオフィス」代表。独自の視点から鉄道写真を多彩に表現し、出版や広告など多方面で活躍中。

写真・執筆	山﨑友也
写真協力	山下大祐（有限会社レイルマンフォトオフィス）、OMデジタルソリューションズ株式会社、株式会社JTBパブリッシング
協力	東武鉄道株式会社、株式会社交通新聞社
モデル	初野志拓、山田裕夏
イラスト	オオノマサフミ
装丁・デザイン	森岡寛貴（一般社団法人ミライエ）
DTP	近藤みどり
図版制作	野村幸布
編集	小西眞由美、西垣一葉（株式会社春燈社）
制作	株式会社春燈社

マナーを守って楽しく極める！ 正しい鉄ちゃん道 ②乗り鉄

2023年2月17日　初版第1刷発行

山﨑友也／著

発行者／西村保彦
発行所／鈴木出版株式会社
〒101-0051　東京都千代田区神田神保町2-3-1 岩波書店アネックスビル5F
電話／03-6272-8001
FAX ／03-6272-8016
振替／00110-0-34090
ホームページ　http://www.suzuki-syuppan.co.jp/

印刷　株式会社ウイル・コーポレーション